婚姻家庭四部曲

家庭密码

南京市江宁区民政局
南京市江宁区妇女联合
南京市江宁区心理学会
组织编写

中国社会出版社
国家一级出版社·全国百佳图书出版单位

图书在版编目（CIP）数据

家庭密码 / 汪娟娟，陈沛然著；南京市江宁区民政局，南京市江宁区妇女联合会，南京市江宁区心理学会组织编写. -- 北京：中国社会出版社，2024.5
（婚姻家庭四部曲 / 陈沛然，汪娟娟主编）
ISBN 978-7-5087-6987-5

Ⅰ.①家… Ⅱ.①汪…②陈…③南…④南…⑤南… Ⅲ.①婚姻问题—中国—通俗读物 Ⅳ.①D669.1-49

中国国家版本馆 CIP 数据核字 (2024) 第 026168 号

家庭密码

责任编辑：	张　杰
装帧设计：	尹　帅
出版发行：	中国社会出版社
	（北京市西城区二龙路甲 33 号　邮编 100032）
印刷装订：	河北鑫兆源印刷有限公司
版　　次：	2024 年 5 月第 1 版
印　　次：	2024 年 5 月第 1 次印刷
开　　本：	140mm×203mm　1/32
字　　数：	42 千字
印　　张：	2.875
定　　价：	15.00 元

版权所有·侵权必究

凡购本书，如有缺页、倒页、脱页，由营销中心调换

客服热线：(010) 58124852　投稿热线：(010) 58124812　盗版举报：(010) 58124808
购书热线：(010) 58124841；58124842；58124845；58124848；58124849

丛书编审委员会

顾　问： 吴仁成　夏　旸　刘穿石
主　审： 张　兵　张　琦　郑爱明
主　编： 何　婷　聂　娟
副主编： 秦彩霞　胡元姣
编　委：（排名不分先后）

王　珊　王亚芳　王忻尧　仇屹珏

朱庆翠　刘　雪　刘敦宝　汤　乐

孙　薇　孙晓雯　芮文逸　杨　尖

李　芸　李　静　李　慧　李天宇

李玉荷　吴　天　时新雨　何翠红

张　明　张兆钰　陈　艳　郁芷洲

周　生　孟　杰　孟　瑶　胡志尚

胡勤敏　侯孝雨　昝　娟　姚　晗

徐　町　郭　雯　常　翰　彭晨宇

蒋伯然　傅蕰男　雷丽君

序一
推动婚俗改革　培育积极社会心态

婚姻,在绝大多数人的生命中扮演着不可或缺的角色,它不仅是两个人的联结,更是家庭、社会与文化传承的纽带。婚姻制度是人类社会最重要的社会制度之一,在传统的婚姻观念中,婚姻承载着无尽的情感、责任和期望。然而,随着社会的不断变迁和进步,传统的婚姻观念和婚俗习惯面临着新的挑战和问题。新时代,人们对婚姻的期望和需求发生了深刻的变化,我们需要重新审视婚姻,倡导婚姻的平等,推动婚俗文明。

2020 年,民政部印发了《关于开展婚俗改革试点工作的指导意见》。《意见》指出,要大力推进婚姻领域移风易俗，传承发展中华优秀婚姻家庭文化，倡导全社会形成正确的婚姻家庭价值取向，遏制不正之风，不断提升全社会文明程度和群众精神面貌。江苏省对标对表民政部关于开展婚俗改革试点工作的有关要求，以促进婚姻稳定、家庭和谐为主线，大力培育新时代婚俗新风、和谐新风、幸福新风，切实引导青年人树立正确的婚恋观、家庭观，从"婚姻家庭小切口"做好"幸福万家大民生"，用"家庭和谐度"绘就"美好幸福图"，婚俗改革试点工作取得了一系列积极成效。

南京市江宁区作为江苏省婚俗改革试验区，围绕"缔结美好婚姻，创造幸福生活"的试验主题，在佘村建成婚恋广场，举办"银发夫妇"金婚银婚庆典；在袁家边完成婚俗文化服务内容设计并对接当地社会组织，开展"婚俗改革促文明 新办简办注新风"移风易俗主题宣传活动；与江宁传媒集团联合建设江宁区婚姻登记服务中心红苹果伊甸园结婚登记点和室外颁证基地，为年轻人打造现代化的婚姻登记服务新场景。与此同时，积极开展"爱之 sheng"课堂培训、"满心欢喜遇见你"单身青年联谊、"做文明有礼南京人，养成文明好习惯"婚俗改革宣传，以及"5·20""七夕节"集体婚礼暨颁证仪式等内容丰富、形式多样的主题活动，不断为爱赋能、为幸福加分。总体来看，南京市江宁区在推广简约适度的婚俗礼仪上取得了新进展，在传承良好家风家教上取得了新成效，在培育积极向上婚俗文化上取得了新突破，聚力打造出了婚俗改革鲜活的"新样板"。

作为社会向上向善的最小单位，婚姻家庭是复杂而多变的社会现象和社会关系的缩影，需要我们用心经营和发展，而心理学作为研究人的科学，涉及生活的方方面面。因此，推行婚俗改革，除了一揽子制度和举措，还需要有心理学的专业指导。"婚姻家庭四部曲"丛书通过对南京市江宁区婚姻家庭辅导工作实践中具体案例的系统梳理和深入剖析，将婚俗改革与心理学有效结合，为我们提供了一种全新的思考方式和行动路径。丛书作为婚姻家庭心理健康的普及教育读物，触碰到了婚俗改革中的不少个体困惑和社会关切，如恐婚恐育、亲子关系、婆媳纠纷等，"以小见大"地探讨了婚姻与家庭关系中的社会心理问题，能帮助我们更好地理解婚姻家庭生活中的个体需求和心理机制，为推动婚俗改革和培育积极社会心态提供重要支持。

江苏省民政厅编写指导组
2024 年 2 月

序二

转变观念 收获幸福

婚姻是家庭的纽带,家庭是社会的细胞。中华民族历来重视婚姻家庭建设,强调"治天下者,正家为先;正家之道,始于谨夫妇",强调"夫妇之道不可以不久也,故受之以《恒》"。习近平总书记在2016年12月会见第一届全国文明家庭代表时指出,"家庭和睦则社会安定,家庭幸福则社会祥和,家庭文明则社会文明"。可以说,婚姻幸福事关民生福祉,家庭和谐事关社会稳定,婚姻家庭命运联系着国家民族的命运。

但几十年来,随着人们思想观念、行为方式和价值追求的巨大变化,婚姻家庭观念淡化、矛盾纠纷增多、稳定性下降、功能弱化等也成为越来越严重的社会问题，亟待国家的宏观政策和地方的具体实践予以调节和引导。正是带着这种现实关怀和责任使命，笔者在担任民政部社会事务司婚姻管理处处长期间，主持起草了《关于开展婚俗改革试点工作的指导意见》《关于加强新时代婚姻家庭辅导教育工作的指导意见》等一系列政策文件，在全国范围内部署开展婚俗改革试点工作，推动普惠性婚姻家庭辅导服务的发展。《关于开展婚俗改革试点工作的指导意见》提出，要开展婚姻辅导，提供婚内心理调适服务，帮助夫妻学习经营婚姻、化解婚姻危机的技巧。《关于加强新时代婚姻家庭辅导教育工作的指导意见》提出，要开发婚前辅导课程，编写教材和宣传资料，在婚姻登记大厅通过宣传栏、视频、免费赠阅等方式宣传婚姻家庭文化、家庭责任、沟通技巧、家庭发展规划等，帮助当事人做好进入婚姻状态的准备，学会经营婚姻，努力从源头上减少婚姻家庭纠纷的产生。

令人欣慰的是，婚俗改革试点和婚姻家庭辅导服务得到地方党委、政府和社会各界的积极响应，形成了层层抓婚俗改革试点的良好氛围，婚姻家庭辅导服务也呈现出覆盖面逐步扩大、机制创新有序推进的大好局面。在此过程中，各地区探索形成一大批理论创新、实践创新和制度创新成果，南京市江宁区民政局联合江宁区妇女联合会、江宁区心理学会共同编写的"婚姻家庭四部曲"无疑是其中的一颗硕果。这套书带领大家一起领略婚姻幸福的内涵，并探讨如何利用心理学的知识和方法来增进婚姻的质量和稳定性。首先，从婚姻的起点开始，探讨了爱情的化学反应、选择伴侣的标准，以及如何建立健康的恋爱关系。其次，深入探究夫妻之间的沟通与冲突，以及婚姻中的情感需求，叙述了如何维持和增进夫妻之间的亲密和满足感。再次，进一步讨论了如何更加科学地养育孩子，帮助孩子建立健康的心理基础。最后，聚焦大家庭的成长与发展，讨论如何共同实现个体目标和家庭幸福。书中涉及的每一个话题都与我们的婚姻家庭生活紧密相关，例如"心跳加速就是爱情吗？""何来那个'出气筒'?""是什么让你向'生娃'妥协?""为什么'隔辈亲'?"等等。作者运用心理学的相关经典理论进行了深入浅出的阐释,以帮助我们更好地应对婚姻生活中的问题与挑战。

"千淘万漉虽辛苦,吹尽狂沙始到金。"相信,每个人都能从这套书中收获婚姻家庭幸福的密码和智慧,成就持久而充满爱意的婚姻和家庭。也祝愿江宁区在未来的婚俗改革实践中创造出更加丰硕的成果!

是为序!

郝海波

北京工业大学教授

2024 年 1 月

序三
婚姻幸福需要一点心理学

在人类社会中，婚姻一直被视为一种重要的社会制度和人生经历。它不仅是两个人之间的约定和承诺，更是一段情感的旅程，一个家庭的基石。然而，婚姻既美好又复杂，其中蕴含着许多挑战和困惑。我们可能会陷入焦虑、压力和负面情绪之中，也可能陷入自我怀疑和自卑的困境，无法真正满足自己的需求和期望。因此，要想维系一段长久而幸福的婚姻关系，仅仅凭借爱和责任感可能是不够的。在这个现代化、多元化和快节奏的社会中，我们需要更多的工具和知识来帮助自己理解和处理婚姻中的各种问题。正是在这样的背景下，心理学的角色变得愈发重要。

心理学作为一门研究人类思维、情感和行为的学科，为我们提供了深入了解婚姻关系的工具和框架。它帮助我们认识到婚姻是一个复杂的生态系统，受到个体差异、家庭背景、文化价值观等多种因素的影响。通过心理学的视角，我们能够更好地理解婚姻中的矛盾冲突、沟通问题、情感需求，以及个体成长与自我实现的平衡。这套书带领大家一起探索婚姻幸福的内涵，并探讨如何利用心理学的知识和方法增进婚姻的质量和稳定性。同时，这套书还深入剖析了婚姻家庭生活中的常见问题，并从心理学的专业视角为我们增进了一点保持幸福的智慧。相信无论是新婚夫妻、长期伴侣，还是面临婚姻困惑的人，都可以从书中获得有益的指导和启示。

这套书的结构是按照婚姻的不同阶段安排的，并运用心理学的相关经典理论进行了深入浅出的阐释。从恋爱到婚姻，从个体到家庭，许多人误以为美满婚姻的关键在于找到一个"合适的对象"，但实际上，真正的秘诀在于让对方以及自己变成"合适的对象"，愿意陪伴彼此一同成长、共同面对来自生活的诸多挑战。只有这样，我们才能在婚姻的道路上携手共进，拥有健康的两性关系并创造出和谐幸福的家庭氛围。这套书围绕"两性关系""夫妻情感""儿童心理""家庭氛围"等多个话题，对"如何拥有健康的婚姻生活"这一问题展开了专业的分析，并给出了可供借鉴的合理建议。同时，每本书还附有相关的心理评估问卷，可供感兴趣的读者进行自评，以更好地自我觉察，帮助我们正视自己的内心，了解自己的需求和期望，从而学会相互理解、彼此包容，通过共同成长真正理解婚姻的真谛。

婚姻幸福需要一点心理学。祝愿我们都能从书中收获智慧和幸福，用"心"成就一段持久而充满爱意的婚姻关系！

马向真
东南大学应用心理研究所所长、
教授、博士生导师
江苏省心理学会副理事长
江苏省家庭教育研究会副会长
2024年3月

引言
和睦的家庭氛围

家庭，既是我们出生时便亲切熟悉的地方，也是我们回归的港湾。它扎根于我们的生命，是情感的起点，是生活的调味品，更是亲情、爱情、亲子关系、夫妻关系、家族关系交织而成的地方。家庭的重要性无法用简单的语言来诠释，它既承载着我们的过去，又影响着我们的未来。

无论我们身在何处，无论我们多忙碌或多成功，我们心底总会有一个叫作"家"的地方，它是我们灵魂的驻足处。同时，作为一个充满生活气息的生命舞台，家庭里上演的每一幕都充满了丰富的情感及多样的问题和挑战，令人情不自禁沉浸其中。

有些人，坚守回家过年的传统，即使要跨越千山万水，也愿为那一刻的团聚而倾尽全力。就在那个令人陶醉的"妈妈的味道"中，可能隐藏着珍贵的童年回忆。但是，家庭氛围有时也会变得让人难以忍受。比如，老爸老妈们沉浸于家庭社交软件，仿佛开启了不可自拔的"黏人"模式，为何他们如此在意家庭群？为何家庭的线上互动如此重要？与此同时，您是否曾感到在家庭中无法获得真正的理解，或者在与亲人的交流中总找不到心灵的共鸣？这些问题和挑战都构成了家庭生活中层次丰富的多彩故事，家庭的魅力也正在于此。

这些问题不仅仅是大家对家庭的普遍好奇，而且反映了家庭的结构、功能，以及家庭成员之间的相互关系。家庭，是由父母、子女、夫妻等组成的，是由那些我们成长过程中共同分享生活点滴的重要他人构成的。家庭关系的复杂性，使得我们需要更深入地理解家庭中的和睦氛围、家庭中的人际互动以及家庭成员之间的情感联结。

为了更好地探讨这些问题，我们为您提供了一个有用的量表——"家庭亲密度和适应性量表"（FACES

Ⅱ-CV）。这是一个用于评估核心家庭内部结构和功能的心理卫生自评工具（如下所示）。我们可以借助它了解家庭成员之间的相互影响，以及家庭氛围的特点。通过深入剖析这些因素，我们可以更好地理解家庭中出现的各种问题，并得到一些实用的建议。让我们一起探索这段家庭之旅，解锁家庭的秘密，感受家庭的温馨和幸福吧！

家庭亲密度和适应性量表

主要用于评估家庭内部结构和功能。由北京回龙观医院（北京大学回龙观临床医学院、北京心理危机研究与干预中心）教授费立鹏（加拿大籍）于1991年汉化修订。

目录 Contents

001 / 为什么要回家过年

006 / 为什么"妈妈的味道"会让我们记很久

010 / 为什么老爸老妈会沉迷于网络小说

014 / 为什么老爸老妈如此在意家庭群

018 / 为什么会出现"全职儿女"

022 / 你还在抱怨不被理解吗

026 / 距离,真的可以产生美吗

030 / 远亲不如近邻

034 / 婆媳为何难相处

038 / 为什么"隔辈亲"

042 / 为什么会有"代沟"

046 / 为什么年轻人越来越不爱"走亲戚"了

050 / 为什么我们跟父母越来越像了

054 / 亲人葬礼上哭不出来是不是不孝顺

058 / 幸福有标准吗

062 / 参考文献

065 / 跋　让心理学成为婚姻家庭生活里的
　　　 "调味剂"

为什么要回家过年

天南海北的我们,无论再难都一定要回家,其中所承载的正是我们对"家"这个集体的记忆,并饱含着阖家团圆、家和万事兴的情愫。春节,慰藉着我们的心灵,更熏染出了只有"回家"才能感受到的独有的年味。

翻开中华文明的千年历史,春节文化一定是其中最绚丽的篇章之一。百节年为首、四季春为先,春节作为中华民族最隆重的传统佳节,每逢临近新春,在外漂泊的游子们纵使离家千万里，也要跨过千山万水回家过年。2023年初，一部名为《这一幕幕就是回家的意义》的短片牵动了无数中国人的心弦。短片中展现的场景是凌晨5点的广州南站，从广场到大厅，人山人海，很多人扛着大包小包，行囊沉重，但却满脸笑容、脚步轻快；他们中，一些是在大城市打拼的农民工，有的人身上沾满尘土，却来不及换洗，背着蛇皮袋，急匆匆地赶往火车站；他们中，也有很多是没有买到票的人，但仍风雨兼程、披星戴月，就算是骑着摩托车，也要踏上归途、奔赴团圆！据统计，2023年春运期间的客流总量约为20.95亿人次，比上一年同期增长99.5%。另外，《中国青年报》社会调查中心也曾通过"民意中国"和"问卷网"进行了一项在线调查。结果显示，86%的受访者觉得过年回家非常重要，若是过年回不了家，那就是"天塌下来的大事"，哪怕由于种种原因早已决定不回家的人，在过年时仍会感到阵阵惋惜。那么，究竟是什么原因促使着我们非要不辞辛苦、不远万里地回家过年呢？这其实和我们的集体记忆（collective memory）有关。

　　集体记忆的概念由哈布瓦赫（Halbwachs）提出，不同于个人记忆，它是在一个群体或现代社会群体中所共享的记忆、知识和信息，并可能会与该群体的身份显著相关，包括集体共享的知识体系、社会群体的形象、叙述、价值观和观念，以及事件的集体记忆发生变化的连续过程，等等。虽然集体记忆总是以再现的方式在我们的脑海里不断加深，但集体记忆中最重要的并不是我们对于事件的简单回忆，而是事件发生对于这个集体过去、现在和未来的意义。就像每年的5月12日，我们都会想到2008年在汶川发生的特大地震，想到在地震中失去生命的同胞，想到救灾中一个个感人至深的画面，想到当时的温家宝总理在灾区临时板房教室里写下的四个大字——多难兴邦。这些集体记忆强化了我们"一方有难，八方支援""万众一心，众志成城"的社会共识，让每一个中国人都对中华民族的顽强意志和团结拼搏有了更加深刻的认识。再比如，大家所熟知的"中国女排"和"女排精神"。

自1981年夺取女排世界杯冠军至今,在奥运会、世锦赛、世界杯等世界大型赛事的排球比赛中,中国女排先后10次夺得冠军。这其中,既有"五连冠"时代的水到渠成,也有雅典奥运会上的惊天逆转,还有2019年世界杯上的"十全十美"。如今,不仅在竞技场上,"祖国至上、团结协作、顽强拼搏、永不言败"的女排精神也是我们奋进新征程的强大精神力量。这一切,正如哈布瓦赫在《论集体记忆》中写的那样,社会之所以需要记忆,是因为记忆会赋予社会中的"过去"一种历史的魅力,并把最美好的神圣事物储存在与现今相对的另一个维度里。这样,哪怕在现在和未来都没有亲历其中的社会成员,也可以从这些记忆里找寻到群体的闪光点,更加深刻地认识到自己群体共同身份的意义,并找到自己身处集体的自豪感。

因此,天南海北的我们,无论再难都一定要回家,其中所承载的正是我们对"家"这个集体的记忆,并饱含着阖家团圆、家和万事兴的情愫。每逢新春佳节,我们会情不自禁地抚今追昔,时时刻刻、心心念念地想着一定要"回家过年"。春节，慰藉着我们的心灵，更熏染出了只有"回家"才能感受到的独有的年味。

为什么"妈妈的味道"会让我们记很久

"妈妈的味道"就像是一剂良药,治愈了太多他乡异客之人的孤独。所以,嗅觉也是上天赐予我们的礼物,而那份熟悉而又温暖的"妈妈的味道"就是时不时降临在我们身上的惊喜。

"这菜一闻就知道是俺妈做的,这饺子一吃就知道是俺奶包的。"河南的一位消防员三年没有回家过生日,他的父母偷偷来到消防队为他庆生,并带来了自家做的饭菜，当这些饭菜被端到他面前时，他立刻便认出了这熟悉的味道。事实上，这种情况在我们的生活中并不少见，无论是戍守边关的战士，还是独在异乡的游子，当无法与家人团聚时、当思乡情结萦绕心头时，如果能吃上一口妈妈亲手包的饺子、腌的腊肉，有时候哪怕只是闻到了气味，头脑里便会立刻浮现出彼时最幸福的场景，心底也会涌上此时最温暖的慰藉。可是，为什么总是"妈妈的味道"会让我们记忆很久呢？

阿克塞尔（Axel）和他的同事巴克（Buck）在对嗅觉的研究中发现，在人体鼻上皮的受体细胞中有一种气味受体，有气味的物质会首先与它们结合，当气味受体被这些气味分子激活后，便会产生电信号，这些信号随后被传输到大脑嗅球的微小区域中，进而传至大脑其他区域，结合成特定模式。气味受体和嗅球都十分"专业化"，它们只接收和存储一种气味，在此之后，嗅球的微小区域又会与神经细胞一一对应，当这些神经细胞被激活后，这种"严格"对应的模式会牢牢地印在我们的大脑里。所以,往后当我们再闻到这些味道时,就会进行精准的气味识别,并提取出我们的记忆。

其实,人类约有一千个基因用来编码气味受体细胞膜上的不同气味受体,与此同时,气味受体有一千多种,它们可以产生大量的组合,也就是说,我们可以记忆两万多种气味。所以,或许儿时我们没有特别注意过的气味会被我们的嗅觉所识别并存储在记忆深处,多年以后,当我们与这种味道再度偶遇时,便会有似曾相识的感觉。这就像偶像剧里的情节一样,男主角多年之后在人潮汹涌的车站闻到了与初恋身上一样的香水味,脑海里便会浮现出与初恋的甜蜜往事,仿佛蓦然回首间,曾经的爱人就在灯火阑珊处。

同样,在我们远赴他乡拼搏的岁月里,焦虑和孤独是我们最大的敌人。每晚回到住所、独守空房的时候,打开冰箱拿出母亲寄来的咸菜,闻到或尝到熟悉味道的那一刻,眼泪和暖意一定会涌上心头。的确,"妈妈的味道"就像是一剂良药,治愈了太多他乡异客之人的孤独。所以，嗅觉也是上天赐予我们的礼物，而那份熟悉而又温暖的"妈妈的味道"就是时不时降临在我们身上的惊喜。这些年，我们在脑海里存储的关于嗅觉的记忆，或是儿时学校门口炸串的香气，或是某个夏天暴雨后泥土的气息，又或是曾经在打谷场劳作时闻到的麦香味……多年以后，当与这些味道重逢时，我们回想起彼时的场景，虽然可能也有淡淡的忧伤，但相信温暖总是大多数的。

为什么老爸老妈会沉迷于网络小说

父母们看网络小说的原因和我们追剧、刷抖音并无不同,也不过就是一种单纯的娱乐方式罢了。如果我们真的担心父母过度沉迷,那就多回家陪陪他们吧。

2022年10月,一篇名为"没想到长辈看小说比我还野"的微博冲上了热搜榜单。因为以往我们提到"网瘾"时,常会联想到沉迷于网络游戏、虚拟聊天的青少年们,但如今"风水轮流转",父母学会刷手机后，也纷纷打开"新世界的大门"，看起了网络小说。不仅如此，网友们还观察总结了自家爸妈爱看的网络小说类型，发现爸爸们偏爱"最强赘婿""龙傲天"之类的爽文，妈妈们则喜欢看类似《偏执大佬的小作精》这类"霸道总裁文"。更有网友放出自己70岁的奶奶看总裁文三年精心记录的两本笔记，让人大呼有趣。捧腹之余，也有人担忧父母沉迷于网络小说会影响日常生活，为小说软件付费倒是次要，如果像有位网友的奶奶一样，在蒸螃蟹时沉迷于小说剧情，把锅险些烤焦了，那也实在太不安全了。那么，究竟是什么魔力让老爸老妈沉迷于网络小说呢？

其实，网络小说的魅力源头可以用心理学家弗洛伊德（Freud）提出的投射（projection）概念来解释，这是一种将自我情感转移到外物或他人身上的心理防御机制。在生活中，有时候我们会根据自身需要、情绪的主观指向等，将自己的特征转移到他人的身上。简单来说，我们看到的世界的样子，其实很大程度上是我们心中所反射出来的样子。网络小说就是这样的一种"载体",承载了父母想法的投射。不难发现,"修真文""言情文"的主角们常常有着相似的设定:出身普通,平平无奇,没有天生神力,却总能够按照自己的原则行动,在遇到艰险时得贵人相助、化险为夷,最终实现自己的梦想。这些故事的主角不像神通广大的"仙"那样离我们那么遥远和难以代入,因而我们才会更加偏爱这样能够随心所欲的"凡人"。这样想来,父母被网络小说吸引的原因与我们别无二致,因为我们都在这样的主角身上看到了一些自己的"影子","投射"便由此发生了。

那么,为什么父母会热衷于通过"网文"来投射自我呢?其实,不管是爸爸们喜欢的"龙傲天",还是妈妈们喜欢的言情小说,本质都是父母对自己想法的一种代偿,他们用这种投射的方式达到了精神需求上的"替代性满足"。现实不同于"爽文",我们无法随心所欲、敢爱敢恨,也没有那么多跌宕起伏、惊险刺激的经历。而在阅读"网文"的过程中,父母却可以将自己的性格、想法乃至心愿都"投射"到小说中的人物尤其是主角身上，展开"沉浸式"阅读。所以，看似是小说中的人物在"过关斩将"、大开"金手指"，实则是父母在虚拟的小说世界里反复"实现"着自己的心愿，体验着截然不同、畅快淋漓的人生，甚至精神游历着更加丰富广阔的世界。试想，与"平平淡淡才是真"的现实生活相比，这样的经历又怎能不让人沉迷其中呢？

因此，父母们看网络小说的原因和我们追剧、刷抖音并无不同，也不过就是一种单纯的娱乐方式罢了。如果我们真的担心父母过度沉迷，那就多回家陪陪他们吧。让他们知道，除了看小说，和家人聊聊天，和老兄弟、老姐妹们打打麻将、跳跳舞，也都是丰富精神世界的不错选择。

为什么老爸老妈如此在意家庭群

我们每个人都有得到生活里那些重要他人关注、认同和支持的需要,这种需要可能来自我们自身内部,也可能来自那些重要的他人的外部评价。

在每天弹出的几十条消息里,除了"土味"表情包,还有一系列"深度好文"和"99%的人都不知道的事儿",我们的老爸老妈好像格外热衷于把这些在末尾写着"一定要转发给家人和朋友"的文章随时随地发送至家庭群里。每当听到手机"叮咚"一响,看到微信弹出的家人分享的"好文",你会认真阅读并真心地给出回应吗?前不久,一条名为"因分享无人回应,爸爸退了家庭群"的消息冲上网络热搜,并引起了很多网友的热烈讨论:一位网友发帖称自己的父亲是一个爱分享的人,平时遇到奇闻逸事等,都会第一时间发到家庭群里,虽然自己会给爸爸捧场,但家庭群里的其他亲戚几乎不作回应,于是爸爸义无反顾地"官宣"退出家庭群。事后,有记者采访了这位爸爸,他表示:"在群里发了消息,我肯定期待大家的回应,家庭群的意义就是如此。如果我真心地进行分享却没有人回复,心里会很失落的,更何况我分享的内容还是比较有意义的。"那么,这位爸爸为什么如此在意家庭群里家人们的反馈呢?

奥地利精神分析学家克莱因(Klein)曾提出过投射性认同(projective identification)的概念,指的是一个人"诱导"他人以某种限定的方式作出反应的行为模式,它源于一个人的内在客体关系,并表现在我们现实的人际关系之中。简单地说就是,"我"认同的东西"你"也应该认同，如果达成了认同，相处就会比较愉快；如果投射不成功，没有达成认同，那么相处就会变得不那么愉快了。并且，克莱因认为，这种内在客体关系源于我们早年与自己的重要他人之间的互动模式，进而会内化为自己的一部分。所以，我们每个人都有得到生活里那些重要他人的关注、认同和支持的需要。这种需要可能来自我们自身内部，也可能来自那些重要他人的外部评价。而这其中，自我认同感低的人，会更倾向于根据别人的评价来评判自己。因此，当他们向别人分享了自己的观点后，如果没有及时得到对方的反馈，他们就会觉得自己不受重视，产生一种"看吧，我就知道别人也不认可我"的想法，从而陷入自我否定的泥潭。这也就解释了为什么这位网友的爸爸会产生失落感，进而退出了家庭群。

如今，随着生活节奏加快，年轻人的工作日渐繁忙，没有充足的时间陪伴父母，亲朋好友之间的联系也变得越来越少。此时，家庭群就成了亲属们加强情感联结的一种载体，老爸老妈每天在群里分享日常生活与工作，并且渴望能够得到回应。与此同时，也有人说，如果只是为了回应而回应，为了安慰老爸老妈而故意做出交流的姿态，这算不算是一种敷衍呢？其实，很多时候，老爸老妈分享到家庭群里的消息，也只是希望孩子们能够互动一下，好让他们知道自己的喜怒哀乐已经被子女感受到了。毕竟，有回应的分享，才是一种高级的浪漫。

为什么会出现"全职儿女"

人的毕生发展是包含一系列发展阶段的连续过程，每一阶段都有其特殊的目标和任务，也面临相应的发展危机，并会经历相应的内心冲突。如果要使随后的发展正常进行，当前的危机就必须很好地解决。

如果有一份工作，它可以保证收入稳定、弹性工作时间、双休、朝九晚五、不需要通勤、办公环境舒适、人际关系简单，你会不会心动？前两天，微博上有个热搜，说的是上海68岁的张阿姨有个40岁未婚儿子，他辞去了月薪两万多元的工作，回家全职照顾张阿姨夫妇，每个月张阿姨夫妇支付5500元的工资给儿子。新闻一出，作为人们眼中"不正常"的生活轨迹和生存样态，"全职儿女"迅速在社交媒体上引起了激烈的讨论。有人认为："在父母退休金富余，儿女又心甘情愿地在家陪伴父母、为父母做点事情的情况下，这种新型的生活方式还是可行的，因为有的老人请护工也要花钱，倒不如把这个钱给自己的孩子，毕竟护工不一定比儿女照顾得更周到。"也有人认为："如果长期处在小家庭的代际关系里，对于年轻人来说，容易丧失和社会横向的联系，并一定程度地丧失社会交往能力、渠道和社会资源。"那么，究竟为什么会出现"全职儿女"呢？我们眼中"正常"的生活状态又是什么模样呢？

美国心理学家埃里克森（Erikson）曾提出人格发展阶段理论（Erikson's stages theory of personality developmental stages），认为人的毕生发展是一个经过一系列阶段的过程，每一阶段都有其特殊的目标和任务，也会面临相应的发展危机,并经历相应的内心冲突。埃里克森认为,如果要使随后的发展正常进行,当前的危机就必须很好地解决。因为,当前危机的成功解决,有助于自我力量的增强和个人对环境的适应;反之,则会削弱自我的力量,阻碍对环境的适应。

处于成年中期(35~60岁)的人,会非常关心自己在工作和生活中的状态。埃里克森把这一时期的发展任务概括为"获得繁衍感,避免停滞感,体验关怀的实现"。这里的繁衍,不仅指生儿育女,关怀、照料下一代,还包含我们的生产能力和创造能力等基本能力或特征的传递。因此,在这一时期,我们不仅要生育孩子,还需要承担大量的社会工作,需要不断地创造新事物和新思想,不断发现和探索新机遇,这样才能有所作为。否则,我们的人格发展将会出现停滞。其实,埃里克森所描绘的正是过去一代又一代人奋发、奋斗、奋进最常见的模样。

如今,之所以有一些年轻人会选择成为"全职儿女",或许有家庭条件相对殷实的原因,强大的后援力量足以支持他们选择"躺平",因而当他们个人在发展中遇到危机时也就不愿意再继续努力探索了。当然,还有一些年轻人选择成为"全职儿女",或许正是他们在当前加速变化和充满不确定性的环境下,在应对危机和实现目标的过程中,所采取的一种策略。上学、工作、结婚、生子,似乎也不是一个必须连续不断的过程,留有一些间隙和空间或许也很美好。

你还在抱怨不被理解吗

只有在良性对话的引导下,亲子之间、朋友之间、同事之间才能更好地自我表达、彼此倾听与反馈,传递"知识"。

一些综艺节目中有这样一个游戏环节:一个人戴着耳机听歌,并把节奏敲击出来,他的搭档要根据节奏来猜歌名。这个游戏听起来简单,实际总是万分艰难、引人大笑,因为曲库里都是那些耳熟能详的歌曲,负责敲击节奏的人也总是自信开场,但负责猜歌名的人却常常"丈二和尚摸不着头脑",忙活半天也猜不出正确的歌名。为什么会这样呢?

其实早在 1990 年,美国斯坦福大学的研究者就做过一项实验。实验的参与者被分为敲击者和听众,实验过程与上述的游戏类似。结果发现,敲击者预估听众猜对的概率为 50%,然而,实际上听众猜对的概率仅有 2.5%。面对这样的结果,每一个敲击者都感到非常惊讶:这个节奏还不够明显吗?而现实是,听众完全感知不到歌曲的旋律,毫无规律的敲击节奏就像摩斯密码一样古怪。有人将这种现象称为"知识的诅咒",即我们一旦掌握了某种知识,就很难想象缺乏这种知识会是怎样一种情形。这里的"知识"并不单指知识,也包含信息、经验等。日常生活中,"知识的诅咒"随处可见,比如,许多父母总是习惯默默奉献,平日很少与孩子分享自己工作中遇到的困难、生活中憋闷的委屈,导致孩子也容易忽略父母的付出。然而,在父母的意识里,自己付出的一切所有人都知道。所以,每当家庭里发生冲突时,父母总说:"你怎么永远不能体谅父母的辛苦呢?"被质问的孩子往往一头雾水,难以深刻地体察其中的滋味。

那么,如何避免"知识的诅咒"呢?美国心理学家约瑟夫(Joseph)和哈里(Harry)在20世纪50年代提出过一套有关沟通交流的理论——乔哈里窗(Johari Window),它是一种自我意识的发现-反馈模型。这一模型把沟通过程中的信息作为主体,根据沟通信息"他人知道—他人不知道"和"我知道—我不知道"两个维度,分成了四个区:开放区、盲目区、隐藏区和未知区。其中,开放区是自己知道别人也知道的信息;盲目区是别人知道而自己却不知道的信息盲点;隐藏区是自己知道但别人不知道的秘密;未知区是自己和别人都不知道的信息。"知识的诅咒"就常常发生在隐藏区,我们已知的信息可能不愿意告诉别人,也可能不敢告诉别人,还有可能我们以为已经告诉别人了,但是别人可能并没有接收到,于是,就会发生类似听众猜不到歌曲的情况。

乔哈里窗中的隐藏区是误会和摩擦产生的温床,

沟通双方只有在开放区才能进行流畅的信息沟通和人际交流，这也是沟通的作用所在——它是通过共同探索来扩大开放区的。只有在良性对话的引导下，亲子之间、朋友之间、同事之间才能更好地自我表达、彼此倾听与反馈，传递"知识"。所以，当你抱怨"别人怎么就不能理解我"时，不妨梳理一下，你想让别人知道的信息是不是真实地存在于你的隐藏区呢？

距离,真的可以产生美吗

心理边界的掌控是一生的课题。如果我们把自己比作一座古堡,那么心理边界便是古堡外的城墙,城墙太薄,经不起风吹雨打,会被外敌轻易打垮;而城墙太厚,也会和外界沟通困难,陷入自我中心的牢笼。

在很多家庭里,有的人性格强势,好脾气的伴侣、父母可以承接你的情绪,你在和他们相处时会感受到足够的安全感。于是你每次发脾气总是等对方来妥协,认为这是家庭生活中普普通通的吵吵闹闹,不会伤害感情。所以，很多人就会延续这样的相处模式，一不开心就会抱怨、指责，从他们对自己情感的包容里获取被爱的感觉。直到有一天，他们可能不堪忍受，就会坚定地想要离开你。你会突然意识到，原来之前的很多小事你以为他们并没有放在心上，只是家里人之间的玩闹，是他们爱你的表现，可是，那么多小事他们居然都记在了心里，一件件拿出来数落你，抱怨你不懂他们、总是伤害他们。你感到不可置信，觉得自己在他们心里并不重要，认为他们小心眼。家庭可能也会走向尽头。这一切究竟是因为什么呢？其实，导致这种关系走向破裂的本质，就是缺乏边界感。

在心理学上，边界感对应的就是心理边界（personal boundaries）这一概念。它就像是我们心理活动的分界线，这条分界线能够将自己与群体、组织、周边的环境等区分开来，是我们能够实现心理控制功能的最终界限。通俗地说，心理边界也可以理解为心灵皮肤，这层"皮肤"既可以帮助我们区分人与人之间的差别，让我们明确哪些是"我"，哪些是"非我",还可以保护我们的"心灵"在边界之内自洽,不受外界的伤害。

心理学家哈特曼(Hartmann)最早提出心理边界一词。他曾在研究噩梦的时候试图找到人被噩梦所困扰的原因,然而这群人既没有童年创伤,也都没有精神类的障碍。不过,他最终发现,这群噩梦多发的人有一些共同的特质,例如无防御的、流动的、脆弱的等,即心理边界比较"薄"。因此,他认为心理边界这个概念应该是人格的一个维度,可以以薄厚程度为标准来形容一个人的心理边界。心理边界薄意味着易渗透、易受影响、易变化,而心理边界厚则反之。

这就不难理解网友们所遇到的"奇葩"舍友,他们大多边界感很弱(即心理边界很厚),这使得他们不太容易受到外界的干扰,同时他们也很难去体会别人的心理边界。他们热情到觉得所有人都应当像他们一样不分彼此,却意识不到即使人与人之间再亲近,也是两个独立的个体,更意识不到自己已经侵入了别人的心理边界。其实,类似这样的例子还有很多,有的父母"以爱为名"，对儿女的生活多加干涉，如遭到子女反抗，就拿出"我这是为你好"等说辞；有的恋人之间刚开始交往，便想全面"入侵"对方的生活，24小时掌握对方的行踪，不愿意给彼此留一点个人空间……这种缺乏边界感的结果，往往是得不到想要的，还会把彼此都折磨得精疲力竭。

有人说，心理边界的掌控是一生的课题。如果我们把自己比作一座古堡，那么心理边界便是古堡外的城墙，城墙太薄，经不起风吹雨打，会被外敌轻易打垮；而城墙太厚，也会和外界沟通困难，陷入自我中心的牢笼。在建立最佳心理边界的过程中，我们也会遭遇许多困难，虽然我们都不希望拒人于千里之外，但作为心理边界被"入侵"的一方，我们也要及时意识到自己的心理边界过薄，及时做好心理修复和增强心理建设，不要因为害怕尴尬而逆来顺受，勇敢地开口说"不"，加固自己的"心灵城墙"，才是捍卫心理边界的最佳途径。

远亲不如近邻

距离的确能够影响我们相互之间的情感,因为每一个个体都普遍存在一种建立和谐人际关系的愿望。所以,无论是与"近邻"还是"远亲",良好健康的关系都需要也值得我们经常走动、密切交往、用心维系。

俗话说,距离产生美。但大多数情况是,距离产生了,美没了。现代许多出生于农村的人,在成年后大多离开家乡,到大城市继续求学或工作。因此,很多年轻人与老家亲戚之间的联系交往可能没有老一辈那么深刻，甚至都比不上跟邻居来得熟悉。而相比之下，上一辈人受限于交通、信息等条件，其活动范围有限，亲戚也大多住在附近的十里八乡。因而，他们之间的互动更加频繁，亲戚关系也更加稳固。那么，如今真的是"远亲不如近邻"了吗？

其实，早在20世纪50年代，美国社会心理学家费斯廷格（Festinger）就曾做过一项关于"邻里效应"的实验。他对麻省理工学院的学生住宅楼进行了调查，住宅楼有两层，每层有五个单元住房，学生入住完全是随机安排的。调查过程中，所有住户都被问道："在这个居住区中，和你经常打交道的最亲近的邻居是谁？"调查结果表明，居住距离越近的人，交往次数越多，关系越亲密。在同一层楼中，和隔壁的邻居交往的频率是41%，和隔户的邻居交往的频率是22%，和隔三户的邻居交往的频率仅有10%。多隔几户，实际距离增加不了多少，亲密程度却有很大不同。由此可见，在人际交往中，距离的远近程度与交往的频率有直接关系，较小的空间距离有利于建立密切的人际关系。这便是心理学所说的邻近性原则（principle of proximity）。

看来，我们下意识中更喜欢和那些看似与自己亲近的人交往。物理空间距离较近的人，见面机会较多，容易熟悉，并产生吸引力，彼此之间的心理空间距离也更容易拉近。正所谓"远亲不如近邻"，距离的确能够影响我们相互之间的情感，因为每一个个体都普遍存在一种建立和谐人际关系的愿望。这样的现象在生活中普遍存在。比如，我们的大多数朋友都是自己身边的人，不是同学、同事，便是邻里乡亲；在学校里，自己最要好的朋友往往是自己的室友或同桌；在火车上，跟自己聊天的多半也是邻座或上下铺的旅客。这是因为，彼此空间距离的缩短拉近了双方的心理距离，在消除了心理戒备之后，自然就容易产生更为亲密的感情。

然而，"远亲"真的不如"近邻"吗？虽然"近邻"在空间距离上占据了优势：家里来了客人，桌椅不够用，可以借邻居家的；自己正做着饭，油、盐没有了，现买肯定来不及，也可以管邻居要一点。但是，仔细回想一下，除了日常生活中的琐碎事，当我们真正遇到难处的时候，最先想到的还是有着血缘关系的亲戚，大多时候也只有亲戚才更愿意慷慨相助，亲情的力量依然无可比拟。所以，无论是与"近邻"还是"远亲"，良好健康的关系都需要也值得我们经常走动、密切交往、用心维系。

婆媳为何难相处

处理婆媳关系，我们需要定义好角色和期望。家庭成员可以坐下来，真正换位思考，以开放的心态坦诚交流，共同探讨和规划未来生活，从而减少冲突，促进理解和包容。

在一个闲暇的午后，你或许会在城市的口袋公园里看见这样一幅画面：在满是孩子们欢声笑语的滑梯旁，两位中年妇女坐在长椅上聊天，话题围绕的是家庭、孩子，以及那个永恒的"婆媳关系"。甚至在一个平常的早晨，你等电梯时也可能会听到两位邻居间对"媳妇怎么就不能理解一下婆婆"的叹息，或是"婆婆总是不给媳妇自由"的抱怨。这些声音似乎渗透到了生活的每一个角落，暗示着在许多家庭中，婆媳关系的确是一个无法回避且难以解决的问题。它既可以是一道醇厚的汤，用爱和理解熬煮出家庭的甜蜜；也可以是一块硬石，压在所有人的心上，让原本幸福的生活变得沉重。无数的夫妻为此而痛苦，无数的家庭为此而陷入困境。那么，究竟是什么原因导致了婆媳纠纷问题呢？

社会心理学家米德（Mead）提出的角色理论（role theory）或许可以给我们提供一些启发。米德认为，在社会生活中，每个人都扮演着各种各样的角色，而这些角色都伴随着一个人必须面对和履行的一系列权利、义务、期望、规范和行为。当我们扮演一个角色时，社会和身边的人都对我们有一定的期望。想象一下，一位新娘踏入婆家，她不仅要扮演好一个妻子的角色，同时还要扮演好一个媳妇的角色。在传统的观念中，婆婆可能期望儿媳妇能够延续家族的传统，比如孝顺、勤劳、体贴，而儿媳作为现代女性，可能更加追求个人的独立和自由，希望能够在家庭和工作中得到双重尊重。当这些角色期望发生冲突时，婆媳关系也会变得复杂起来。再看新郎，他既是一个儿子，又是一个丈夫。他需要在生命里两个重要女性强烈的期望中进行平衡：儿子的身份，让他感受到了来自家族的期望；而作为丈夫，他又要考虑到妻子的感受。双重压力往往也容易让人陷入两难的境地，如何在其中做到恰如其分、游刃有余，便成为一个永恒的难题。

所以，为了更好地处理婆媳关系，我们需要重新定义角色和期望。家庭成员可以坐下来，进行真正的换位思考，以开放的心态坦诚交流，共同探讨和规划新的未来生活，从而减少冲突，促进理解和包容。相信，如果每一个家庭成员都能够做到这一点，明确每个人的角色和期望，婆媳关系便不再是一个无解的难题了，而是变成了一个有利于增进家庭亲密关系的"润滑剂"。不仅家庭关系会变得更加和谐，每一个家庭成员也都能够收获尊重、自由，并得到更多的爱和满足。

其实，在以"婆媳关系"为代表的家庭关系中，和谐一直是我们每个人的心愿。正如那句古老的中国谚语所言："家和万事兴"，只有我们共同努力，为家庭注入更多的爱和理解，才能让家成为真正的港湾。

为什么"隔辈亲"

没有谁有义务要对谁负责一辈子,当孩子的羽翼丰满,老人们也要适时学会"退场"。这种退出不是疏离,而是能让彼此成为更独立、更丰盈的人。

近年来,家里的老人逐渐成为照顾孩子的"主力军"。有调查结果显示,在我国两岁半以下的儿童中,主要由祖辈照顾的比例达到60%~70%,即使是3岁以上的孩子,这个比例也占40%左右。这个数据着实让人有些吃惊。诚然,对于一个普通家庭而言,学龄前儿童的陪伴是一个大问题。白天上班没有时间，请保姆又不放心，自己抽空照顾又怕太麻烦，不如直接当"甩手掌柜"，交给有带娃经验的爷爷奶奶。这固然是一个不错的选择，但会导致孩子更加亲近爷爷奶奶或外公外婆，与自己却日渐疏远，因此而苦闷的夫妻数不胜数。明明是自己辛辛苦苦生的娃，为什么跟自己反倒没有那么亲呢？这个在许多家庭中看起来非常普遍但并不致命的问题，实则隐藏着许多奥妙。

心理学家鲍尔比（Bowlby）在20世纪50年代提出的依附理论（attachment theory）或许可以很好地为我们解释这一现象背后的原因。他提出与婴幼儿相处的原则是，一般在六个月到两岁之间的儿童，至少需要与一位及以上的主要照顾者建立积极的互动关系，这样才会发展正常的社交和情感能力。在国内，大多数交给老人代为抚养的是那些上幼儿园之前的孩子。鲍尔比认为，儿童在日常生活中，会更倾向于依附能够与他们产生积极互动的成年人。虽说这对孩子的父母而言，理论上并非难事，但现实中，爷爷奶奶或外公外婆往往会"更胜一筹"！

出于对第三代的疼爱，爷爷奶奶或外公外婆通常对孩子千依百顺、关怀备至，有时候就连孩子一点小小的情绪都能感知到，他们生怕由于自己的一点闪失怠慢了小孙子、小孙女。在这一点上，爷爷奶奶或外公外婆巧合般地成为孩子生活当中的那位敏感的、反应灵敏的照顾者，这也正是依附理论中对于与孩子产生互动的成年人的释义。基于此，抚养者的反应，也带来了依附模式的发展。在这一过程中，当孩子将爷爷奶奶或外公外婆视为他们的依附对象时，突然被接回家，会因此产生短暂的分离焦虑和悲伤情绪。这种被剥离后的适应性反应其实是正常的，会使孩子对身边环境的适应性得到提升，是有利于孩子成长的好事。然而，相较于老人的无微不至，父母可能存在关心欠缺，也会导致依附内部模式的"逆发展"，即孩子变得不再那么依赖父母。当然，除此之外，大多数父母由于生活的压力，经常忙于工作，而忽视了孩子，这些都会导致他们在孩子的抚养方式上和老人存在不小的差异，也都可能直接或间接地导致他们在与祖辈们的"争宠"中败下阵来。

诚然，老一辈人对孙子孙女的溺爱并不完全是好的，严重时甚至发展为纵容、护短，但它却成为了孩子建构依附模型的重要一环，使孩子在成长初期有一个依赖，这对于孩子的成长应当是利大于弊的。说回依附理论本身，这种孩童时期的选择性依赖，实际上是人类社会几千年来逐渐演化的结果。就像达尔文的自然选择说，这可能是该时期的最优成长方式，我们不应该过多干预。当然，在成长过程中，孩子的依附对象也并不是一成不变的，只要家长用心，肯花时间去陪伴孩子，前面所说的烦恼也会很快消失。没有谁有义务要对谁负责一辈子，当孩子的羽翼丰满，老人们也要适时学会"退场"。这种退出不是疏离，而是能让彼此成为更独立、更丰盈的人。

为什么会有"代沟"

存在"代沟"的几代人分别处在生命周期的不同阶段,面临着不同的心理冲突,因而也会表现出不同的应对方式,但只要家庭成员在尝试理解对方的同时,也努力寻找共同点,就一定能找到彼此的共鸣,奏响相亲相爱的和美乐章。

《小王子》一书中主人公小王子曾说过这样一句话:"大人们什么都不懂,总是要小孩来给他们解释,这让我觉得很累。"可是大人却又总是说:"有很多事情，说了你们小孩也不懂。"在生活中，两代人因为在思想认识、行为方式、生活态度和兴趣爱好等方面存在差异，导致对立和冲突的情况屡见不鲜。自美国心理学家米德在20世纪60年代首次使用"代沟"（generation gap）一词来形容两代人之间的心理距离以后，"代沟"逐渐成为人们所熟知的"大众问题"。正如作家梁实秋所言："沟这边的人看沟那边的人不顺眼，沟那边的人看沟这边的人不像话，也许吹胡子瞪眼，也许拍桌子卷袖子，也许口出恶声。"可以说，多数家庭中的代际问题都来源于"代沟"。

俗话说："三年一小沟，五年一大沟，十年一鸿沟。"时代的迅速发展导致了不同年代的人们生长环境的差异，这是"代沟"出现的客观历史原因。然而，除此之外，不同年龄的人的人格特征也是"代沟"出现的重要心理原因之一。美国心理学家埃里克森在继承奥地利心理学家弗洛伊德学说的基础上，提出了自己的人格发展阶段理论，用于描述个人从出生到老年的心理发展过程。好比爬坡过坎，埃里克森认为，每个人毕生的心理发展大致会依次经历八个阶段，每一阶段都会面临特定的心理冲突，也有需要解决的不同任务。

存在"代沟"的几代人分别处在生命周期的不同阶段，面临着不同的心理冲突，因而也会表现出不同的应对方式。比如说，处于青年期（12～18岁）的人所面临的主要心理冲突是身份认同的困惑和角色的混乱。这个阶段是个人从儿童到成年人的过渡，需要适应身体和情感上的变化。他们尝试不同的身份，探索自己是谁，树立自己的价值观、培养自己的兴趣、思索自己的未来等，从而确立他们在社会关系中的定位。在此过程中，他们急切地想要与成年人处于"平等位置"，如果没有达到预期，便会感到愤怒和不满。但这时候他们的父母大多处于成年中期（35～60岁），需要在事业和家庭方面追求成就感，他们希望自己事业成功，并在家庭生活中发挥作用。这其中，考虑如何让下一代获得满意的发展便是一个十分关键的问题。如果无法实现这一目标，他们也会感到停滞和无用。

基于此，就好比是"青春期"撞上了"更年期"，这两代人的"代沟"就在青少年努力摆脱家长的控制和成年人试图在家庭中追求掌控感的对立间愈演愈甚了。不仅如此，处于其他不同阶段的人，也拥有着相似的矛盾和冲突，最终形成了"难以飞渡的深沟天堑"或是"一步迈过的小渎阴沟"。

"代沟"就像是一面无形的墙，让家人在理解和接纳彼此的过程中产生了距离感。但请记住，"代沟"并不是无法逾越的鸿沟。正如一些网友所说的，"沟是死的，但人是活的"，只要家庭成员在尝试理解对方的同时，也努力寻找共同点，就一定能找到彼此的共鸣，奏响相亲相爱的和美乐章。

为什么年轻人越来越不爱"走亲戚"了

  我们在亲戚关系中寻求的"社会认同感"正逐渐被越来越强烈的"自我认同感"所替代。让"走亲戚"摆脱单调的形式化，不再让年轻人感受到无所适从的"越界"，而是变成能够和亲戚真心沟通的一件轻松愉快的事情，这才是所有人最期待的。

  在父母辈甚至更老一辈人的记忆里，亲戚是家庭生活中必不可少的一部分，即便"远亲不如近邻"，亲戚也会通过节假日、红白事等维护彼此的联结。然而，"走亲戚"作为一种传统的民俗活动，也正在经历着某种危机。随着城市化进程的加快和人口流动的加速，亲戚们在生活空间上的距离变得越来越远。互联网上，"为什么这届年轻人开始断亲"这类话题也频繁引起热议。"断亲潮"在年轻人中正成为一种常见的现象。有研究发现，年龄越小的年轻人，与亲戚联系越少。这是为什么呢？

美国心理学家埃里克森曾提出自我认同感（identity achievement）的概念。用埃里克森自己的话说，这是"一种熟悉自身的感觉"和"一种知道自己将会怎样生活的感觉"，是我们在特定环境中的自我整合和适应之感。也就是说，当一个人对自己的认识与他人对自己的认识相一致时，产生的感觉便是自我认同感。埃里克森认为，处于青年时期的人尤其有获得认同的需求，一方面来自自我认同感，另一方面来自社会认同感。他们会在社会生活中不断地尝试把与自己有关的各个方面结合起来，以形成一个可以自我决定、各方面协调一致且不同于他人的独具"同一风格"的自我。在过去的年代里，亲戚关系除了血缘的纽带，更承载着一种类似社会认同的功能。"走亲戚"时的你来我往，可以产生一种正向的情感记忆，使我们认识到自己属于某一特定的社会群体，以获得社会认同感。而现如今，随着经济的发展和社会的进步，基本的生存需求已经得到了充分满足。我们在亲戚关系中寻求的社会认同感也正逐渐被越来越强烈的自我认同感所替代。

现代社会，各种文化思潮交织融合，各种新观念、新风尚纷至沓来，这也导致了年轻人的自我认识正发生着剧烈的变化。他们变得越来越独立，极少受到外部环境变化的影响，认为每个人活着都有属于自己的独一无二的方式。因此，在面对一些亲戚对自己生活及工作的"指指点点"时，便会感到不满。在互联网上"奇葩亲戚吐槽组"和"断亲"的话题下，网友们给亲戚饭局的"话语体系"做了详尽的归纳：如果家中的年轻人尚在读书，就是以社会阅历丰富的"过来人"身份指点什么样的工作值得做，比如只有体制内的工作算好工作、他们没听过的公司就是不好的公司等；如果是年近三十还单身，就是催恋爱、催结婚，若是有多个同龄的晚辈在场，拿同龄人来相互比较更是少不了；而更多时候，让年轻人更为反感的是，除了这些无谓的唠叨，还有在亲戚朋友都在的这种场合下，为了维护父母和亲戚的"面子"，而被迫"失声"的痛苦。

所以，当亲戚关系不再承载社会认同的功能时，亲戚的问候就变成了打破年轻人内心平衡的利器。年轻人不愿意让自己在社会生活中辛苦建立的"自我同一性"就这么被破坏，想要作出改变，便形成了"断亲潮"的社会现象。过往三年，新冠疫情的影响在无形之中给"走亲戚"带来了极大的阻力，这也让越来越多的人对"走亲戚"的态度变得越来越自由，只拜访真正相互关怀的亲戚，对聊不来的亲戚能避则避。随着社会的发展，让"走亲戚"摆脱单调的形式化，不再让年轻人感受到无所适从的"越界"，而是变成一件能够和亲戚真心沟通的轻松愉快的事情，这才是我们所有人最期待的。

为什么我们跟父母越来越像了

活成了父母的样子,我们都是受到了代际传递的影响。当我们能够有意识地觉察到这种现象时,就意味着已经成功了一半。

生活中,有没有这么一个时刻,你突然觉得自己跟父母越来越像了?不只是长相,也可能是与人沟通的方式、价值观、行为举止,甚至是有些你曾经讨厌的地方。与另一半吵架时,对他进行冷暴力,不接电话、不见面、不回消息,就像当初父亲对母亲那样;

借着"为你好"的名义，让另一半吃他不喜欢吃的东西，就像小时候母亲强迫你一样；对一直嗷嗷叫的孩子没有耐心，"叫什么叫，我对你还不够好吗？看看别人家的孩子，又会说话又会撒娇，哪像你，只知道吃饭和睡觉。"就像父母拿我们与别人家的孩子相比一样……这些似曾相识的场景，总是一次次在我们身上重演，即使偶尔你也会默默告诉自己"我以后一定不要这样"，但在潜移默化中，我们还是活成了父母的样子，尤其是在亲密关系和亲子关系中。这到底是为什么呢？

美国家庭系统理论的奠基人鲍恩（Bowen）提出了家庭投射过程（family projection process）的概念，认为父母将自己的不成熟与缺乏分化的状态（如慢性焦虑及情绪化等），潜移默化中投射到了子女身上，从而影响孩子自我分化的完成。同时，鲍恩还指出，家庭投射过程具有代际传递（intergenerational transmission）的特征，即原生家庭对每一个家庭成员都会有不同程度的影响——一个人的认知和行为，既会受到上一代人的影响，也会不自觉地影响着下一代人。用鲍恩的话来说就是，"家庭经历会形成一个塑造每一代人价值观、想法和体验的模板，然后将这个模板传递给下一代。"

其实，活成了父母的样子，我们都是受到了代际传递的影响。当我们能够有意识地觉察到这种现象时，就意味着我们已经成功了一半。此时，我们可以做一些积极的尝试，看看能否走出父母的影子。比如，不把父母的行为当成我们行动的标尺，不管是模仿他们，还是反抗他们。我们需要把父母和自己看作两个独立的个体，试着跳出我们之间的关系，觉察我们之间相似的东西，然后避免用同样不好的方式去伤害别人。再比如，我们还可以试着接纳代际传递的影响，因为我们越不接纳，就越容易有压迫感。与其这样，倒不如以"自嘲"的心态去接纳，进而找到可以超越的地方。

正如鲁米在《给你的礼物》中所说："你不知道给你选一份礼物会那么艰难。似乎什么都不合适。为什么要送黄金给金矿，或送水给海洋。我想到的一切，都像带着香料去东方。给你我的心脏，我的灵魂，无济于事，因为你已拥有这些。所以，我给你带来了一面镜子，看看你自己，记住我。"因而，活成了父母的样子，是大概率逃不掉的事情，我们能够做的，就是主动觉察与超越。

亲人葬礼上哭不出来是不是不孝顺

情感隔离只是一种缓冲,是我们为了保护自己而暂时地隐藏了情绪。虽然我们可以暂时获得解脱,缓解内心的压力和痛苦,但是一定不要过分依赖情感隔离,否则时间久了就会习得逃避的坏习惯。问题终究存在,早晚还是要解决的,关键是我们要勇于正视自己的情感,告诉自己:"悲伤是可以接受的。"

你曾经历过亲人去世吗?如果有的话,还记得当时自己是什么表现吗？是痛哭流涕，还是沉默不语？"知乎"上有一个匿名用户提问说："我在爷爷的葬礼和火化仪式上都哭不出来，但是看到周围的人，甚至一些血缘比我远的亲戚都哭得一把鼻涕一把泪。是我不孝顺吗？还是我太冷血？还是说小孩子都这样，等到长成大人就会好？"在我们的传统文化中，亲人去世时，家里所有的子孙和亲戚都会"披麻戴孝"一起给逝者送行，葬礼上亲属们号啕大哭，被称为"哭丧"，意在让逝者走得更加安心。但是，那些表现得安安静静的人就是冷漠无情的吗？

家庭治疗理论家鲍恩曾提出情感隔离（emotional cutoff）的概念。在心理学中，这是一种防御机制，也是自我保护的方式，说的是当我们在面对无法承受的压力或遭受重大的情感创伤，再或者是情感卷入很深、难以自拔和感到非常痛苦时，大脑会自动屏蔽痛苦，保护我们的内心不致于骤然崩塌，就像是动物反应中的回避和装死一样。当亲人去世之后，我们的内心都会经历一个从接受不了到逐渐接受的过程。其间，我们可能会采用忽视、压抑和隔离自己情感的方式来减轻痛苦。当我们能够平静地接受亲人离去的事实的时候，这件事情就不会再对我们造成伤害了。而倘若一个人一直陷入痛苦之中，等到其情感强烈到一定程度后就会显得麻木迟钝，仿佛什么事情都没发生过，外人很难从表面上感受他的情绪波动。

然而，值得注意的是，被隔离的情感并不会凭空消失，隔离只是一种缓冲，是我们为了保护自己而暂时隐藏了情绪。虽然遇到困难时，我们可以使用情感隔离来获得暂时的解脱感，从而缓解压力和痛苦，但是一定不要过分依赖情感隔离，否则时间久了就会习得逃避的坏习惯。问题终究存在，早晚还是要解决的，关键是我们要勇于正视自己的情感，告诉自己："悲伤是可以接受的。"另外，当亲友出现情感隔离时，我们又该如何对待呢？首先，请不要随意批评他们，不要认为他们是情感冷漠的人，而是应该帮助他们看见和允许自己的身心反应；其次，我们还应该给予对方足够的空间和安全感，让他们知道我们愿意一直陪伴左右，并且可以接纳他们的情绪；最后，我们也可以做一些实质性的事情，如帮忙接送孩子、准备葬礼上用的东西等。

至亲的离去，不是一场暴雨，而是此生漫长的潮湿。虽然死亡终究都会到来，但死亡并不是终点。真诚地希望每一个经历失去的人，都能带着对故人的思念好好地生活下去，不要给生命留下遗憾。

幸福有标准吗

虽然每个人的生活都是不一样的，但每个人都平等地拥有着感知幸福的权利，只要你愿意，晨起明媚的阳光、父母精心准备的饭菜，甚至是镜中越来越成熟坚定的自己，都会成为我们幸福的理由。

你幸福吗？当被问到这个问题时，你内心的想法是什么样的呢？是有一个明朗欢快的声音在说"我很幸福"，还是有一个低落哀伤的声音在说"我不幸福"，又或者是模模糊糊自己也说不出个所以然来？曾经，有一则采访火遍网络，内容是记者问街头遇见的农民工大叔"你幸福吗？"得到的答案却是——"我不姓福，我姓张。"可见，这个话题对他来说或许有些陌生。现实中，相较于谈论"幸福"而言，我们更多的时候与家人朋友聊的是抱怨和迷茫。似乎对大多数人来说，"幸福"只是一种遥不可及的状态，我们更愿意将它当成一个目标去追逐，觉得自己考上心仪的学校就会幸福、赚更多的钱就会幸福、找到一生的伴侣就会幸福……而事实真的如此吗？当我们拥有了自己追逐的目标时，就一定会幸福吗？

20世纪40年代末50年代初，美国心理学家塞利格曼（Seligman）等人倡导积极心理学运动，呼吁大家关注人的心理健康、幸福感和自我实现等问题，并提出了一个有关幸福心理的重要概念——主观幸福感（subjective well-being），用以说明人们对其生活质量所做的情感性和认知性的整体评价。在这种意义上，决定人们是否幸福的并不是实际发生了什么，而是人们对所发生的事情在情绪上作出何种解释，在认知上进行怎样的加工。因此，主观幸福感有三个特点：一是主观性，它以一个自己内定的标准而非他人的标准来评估；二是稳定性，它主要反映的是一个人长期而非短期的情感反应和生活满意度，是一个相对稳定的值；三是整体性，它是对一个人的综合评价，包括对情感反应的评估和认知判断等。研究者们普遍认为，主观幸福感的影响因素众多，先天的遗传因素，后天的工作学习状态因素，所处的社会环境、家庭环境以及社会支持情况等因素，都会影响到一个人对自己主观幸福的感受和评价。

　　如此看来，幸福与否似乎并没有一条"放之四海而皆准的"评判标准。比如，拥有多少钱、多少房产或是怎样出色的下一代等。说到这里，你是不是觉得幸福很简单了？其实并非如此，如果幸福真的有看得见摸得着的标准，我们至少可以找到自己应该努力的方向，当我们具备了幸福的条件时，就会像获得游戏通关奖励一样，自然而然地收获"稳稳的幸福"。但幸福却是一个非常主观的概念，甚至没有任何一样你拥有的东西可以保证你的幸福。那么，想要幸福是不是很困难呢？答案也是否定的。因为，既然幸福没有客观的标准，那只要我们珍惜自己的所得，热爱自己的生活，就没有人能够否定你的幸福。在如今疯狂"内卷"的时代中，我们常常会不自觉地陷入比较甚至是攀比的洪流之中，将眼光永远放在他人身上，将心绪都耗在与自己无关的生活中，然后眉头紧锁、自怨自艾。而静下来想一想，虽然每个人的生活都是不一样的，但每个人都平等地拥有着感知幸福的权利，只要你愿意，晨起明媚的阳光、父母精心准备的饭菜，甚至是镜中越来越成熟坚定的自己，都会成为我们幸福的理由。

参考文献

[1] ALLOY L B, SELIGMAN M. On the cognitive component of learned helplessness and depression. Psychology of Learning & Motivation, 1979 (13): 219-276.

[2] BOWEN M. Family Therapy in Clinical Practice. Aronson, Rowman & Littlefield Publishers, 1978.

[3] BOWLBY J. The bowlby - ainsworth attachment theory. Behavioral and Brain Sciences, 1979 (2): 637-638.

[4] BUCK L, AXEL R. A novel multigene family may encode odorant receptors: a molecular basis for odor recog-

nition. Cell, 1991 (1): 175-187.

[5] ERIKSON E H. Childhood and Society. W. W. Norton & Company, 1950.

[6] FESTINGER L, SCHACHTER S, BACK K. Social pressures in informal groups: A study of a housing project. American Journal of Sociology, 1951 (16): 290-291.

[7] FREUD S. The Neuro-psychoses of Defence. Standard Edition, 1894.

[8] HALBWACHS M. On Collective Memory. University of Chicago press, 1992.

[9] HARTMANN E. Boundaries in the Mind: A New Psychology of Personality. Basic Books, 1991.

[10] JOSEPH L, HARRY I. "The Johari window, a graphic model of interpersonal awareness." proceedings of the western training laboratory in group development. University of California, Los Angeles, 1955.

[11] KLEIN M. Notes on some schizoid mechanisms. International Journal of Psychoanalysis, 1946

(27): 99-110.

[12] LINTON R, MEAD G H. The Role of Participation in the Prediction of Social Behavior. Columbia University Press, 1936.

[13] SELIGMAN M, BREALEY N. Flourish: A New Understanding of Happiness and Well-being, and How to Achieve Them. Atria Books, 2011.

跋

让心理学成为婚姻家庭生活里的"调味剂"

有人说，"早婚早出息，晚婚晚享福"；也有人说，"婚姻是爱情的坟墓"。婚姻究竟是怎样的，每个人有每个人的经历，每个人有每个人的理解。但共同的是，婚姻是家庭生活的重要组成部分，是相互坦诚相待，愿意携手迎接生活的幸福与平淡；是相互彼此照应，愿意一起面对生活的惊喜与不甘；是相互信赖，愿意共同走过生活的美好与挑战。然而，现实中的很多时候，我们对婚姻常常抱有较高的期待，以至于忘记了幸福本来的样子。

作为一名心理学工作者，我常常在想，心理学在婚姻关系中有什么实际用处呢？大概，心理学可以是一种调味剂吧。要想做出一盘色香味俱全的菜，就要针对不同的情况放不同的调味料。味道淡了，就加点盐；腥了，就加点料酒。婚姻生活也是这样，感到厌倦或无聊时，可以给对方准备一个小惊喜，来找到新的乐趣，重燃激情的火花；发现对方不小心犯错误了，那就抱抱他说没关系，世上没有人是完美的；发现对方误会自己了，就心平气和地向对方解释，借机传授一些有效的沟通技巧。婚姻生活不会一直是甜蜜的，需要夫妻双方的理解互谅和共同努力，而心理学在这个过程中扮演着至关重要的角色。

除了婚姻生活，家庭关系中的心理学也是一门深奥而美妙的学问，它关系到整个家庭社会关系的发展。家庭中每个成员的个性不同，喜好也不同，难免会有磕磕碰碰。孩子成绩不好时，接受孩子的平凡，不要过度"鸡娃"；育儿观念出现差异时，试着换位思考，学着使用"非暴力沟通"的方式；父母抱怨感到孤独时，常给他们打个电话，增进亲密度和情感联结。通过家庭成员之间的相互支持和理解，能够更好地帮助对方实现其个人目标和丰盈家庭梦想。婚姻家庭心理学能够告诉我们，婚姻与家庭并不是束缚和限制，而是一个共同成长、实现价值和超越自我的平台。

总之，婚姻家庭关系是一个需要不断投入和努力的过程，而心理学为我们提供了一种宝贵的视角。但是，婚姻家庭关系中的心理学也不是一劳永逸的解决方案，而是一个持续学习和发展的过程。每对夫妻、每个家庭都需要独立面对各自不同的情况和挑战，都需要根据自身进行调整和适应。

最后，让我们以感恩和宽容的心态来面对婚姻和家庭生活中的挑战。通过理解、支持和尊重，我们可以共同创造一个温馨、幸福的家庭，让爱和关怀成为家庭的基石，让心理学成为我们家庭关系的"调味剂"，为我们的婚姻和家庭增添更多的美好和意义。

陈沛然　汪娟娟
2023 年 9 月